어린이여행인문학 ⑱ 인도네시아

발리섬에서 태양을 보다

이동미 **지음** | 이미란 **그림** | 락스미 **인도네시아어 옮김**

초판 인쇄일 2019년 11월 11일 | **초판 발행일** 2019년 11월 25일
펴낸이 조기룡 | **펴낸곳** 내인생의책 | **등록번호** 제10호-2315호
주소 서울특별시 성동구 연무장5가길 7 현대테라스타워 E동 1403호
전화 02)335-0449, 335-0445(편집) | **팩스** 02)6499-1165
전자 우편 bookinmylife@naver.com | **홈페이지** http://bookinmylife.com
편집 하빛 | **디자인** 김은희 | **마케팅** 한하람

ISBN 979-11-5723-572-8(77800)
　　　979-11-5723-396-0(세트)

* 책값은 뒤표지에 있습니다.
* 잘못된 책은 구입처에서 바꾸어 드립니다.

이 도서의 국립중앙도서관 출판예정도서목록(CIP)은 서지정보유통지원시스템 홈페이지(http://seoji.nl.go.kr)와
국가자료종합목록 구축시스템(http://kolis-net.nl.go.kr)에서 이용하실 수 있습니다. (CIP제어번호 : CIP2019044562)

내인생의책에서는 참신한 발상, 따뜻한 시선을 가진 원고를 기다리고 있습니다.
원고는 나무의 목숨값에 해당하는 가치를 지녔으면 합니다.
원고는 내인생의책 전자 우편이나 홈페이지를 이용해 보내 주세요.

어린이제품 안전 특별법에 의한 제품 표시
제조자명 내인생의책 | **제조 연월** 2019년 11월 | **제조국** 대한민국 | **사용연령** 5세 이상
주소 및 연락처 서울특별시 성동구 연무장5가길 7 현대테라스타워 E동 1403호 02)335-0449 | **담당 편집자** 하빛

Menatap Mentari dari Bali

발리섬에서
태양을 보다

이동미 지음 | 이미란 그림 | 락스미 인도네시아어 옮김

이동미 지음

강원도 영월군 무릉도원면에서 태어나 넉넉한 자연 속에서 넓은 세상에 대한 호기심을 가지고 자랐습니다. 여행 잡지 《World Travel》에서 여행 기자로 근무하다 결혼과 더불어 프리랜서 여행 작가로 활동하면서, 건국대학교 문화콘텐츠학 박사를 취득하고 인문학 관련 강의와 연구를 진행하고 있습니다. '2011 한국 관광의 별(Korea Tourism Awards)' 문화 체육 관광부 장관상을 받았고, 우수 추천 도서로 선정된 《여행작가 엄마와 떠나는 공부 여행》을 비롯해 《교과서 속 인물 여행》《해파랑길을 걸어요》《어린이 농부, 해쌀이》등 많은 책을 집필했습니다.

이미란 그림

섬유 예술을 배우고 텍스타일 패턴 디자이너로 일했습니다. 즐겁게 살기 위해 그림을 그리고 있습니다. 아이들의 환한 표정을 그리면서, 이 세상에는 다양한 미소만큼이나 넉넉한 즐거움이 존재한다는 사실을 마음에 오롯이 새겼습니다. 그린 책으로는 《코요아칸에서 태양을 보다》가 있습니다.

락스미 인도네시아어 옮김

인도네시아에서 태어나 자랐고, 지금은 서울에 살면서 숙명여자대학교에 다니고 있습니다. 한국 드라마와 대중가요를 즐기다 한국어 실력을 키우고 싶은 마음에 한국에 유학을 왔습니다. 관광, 방송, 엔터테인먼트 등 여러 분야에서 한국과 인도네시아의 기업들을 이어주는 역할을 담당하고 있습니다.

Lee Dong-Mi, penulis

Lahir di Yeongwol, Provinsi Gangwon, saya besar di sebuah daerah dimana saya tumbuh menyaksikan air dari Mureungdowon-myeon bercampur menjadi satu. Sebelumnya saya bekerja sebagai seorang Jurnalis Travel untuk sebuah majalah 《World Travel》, dan setelah menikah beralih profesi menjadi seorang Travel Writer. Kini saya menikmati berbagai perjalanan domestik bersama keluarga. Dia memegang gelar Ph.D dalam konten budaya dari Universitas Konkuk. Pernah memperoleh penghargaan dari Kementerian Pariwisata Korea pada Korea Tourism Award di tahun 2011. Beberapa buku saya seperti 《Perjalanan Belajar Seorang Ibu dan Travel Writer》《Perjalan Sebuah Karakter Buku Pelajaran》《Berjalan di Sepanjang Jalan Hijau》 menjadi buku paling direkomendasikan. Baru-baru ini saya menerbitkan sebuah buku dongeng berjudul 《Petani Cilik, Haessal》.

Yi Mi-Ran, gambar

Pernah belajar tentang Seni Tekstil dan bekerja menjadi seorang desainer pola tekstil. Saya merasa bahagia saat menggambar. Saat menggambar wajah-wajah bahagia anak-anak, saya tersadar bahwa ada begitu banyak suka cita di dunia ini saat melihat berbagai macam senyum yang tergambar di wajah mereka. Satu buku dongeng yang saya gambar berjudul 《Menatap Mentari dari Coyoacan》.

Laksmi, penerjemah bahasa Indonesia

Lahir dan tumbuh besar di Indonesia, saya sekarang sedang berkuliah di Sookmyung Women's University di Seoul, Korea Selatan. Ketertarikan terhadap drama Korea dan K-POP membuat saya memutuskan untuk memperdalam kemampuan bahasa Korea dan melanjutkan kuliah di sana. Dengan kemampuan bahasa asing saya, saya banyak membantu pihak-pihak dari Korea yang ingin mempererat hubungannya dengan Indonesia, baik dari dunia hiburan maupun pariwisata.

투명한 바다의 마음과 뜨거운 화산의 심장,
일곱 왕국의 땅 발리섬에서 아이들의 꿈이 자라요.

*Hati dari lautan yang jernih, dan jantung dari gunung api yang membara.
Di Pulau Bali, tanah dari 7 kerajaan,
ada seorang anak yang mimpinya tumbuh disana.*

내인생의책

Sejak pagi bunyi gaduh sudah terdengar dari luar jendela.
"Bapak? Ibu?"
Aku bangkit dari tempatku dan berlari keluar tanpa alas kaki.
Masih pagi tapi punggung ini sudah lembab oleh keringat.

아침부터 창밖이 시끌시끌해요.
"아빠? 엄마?"
자리에서 일어나 맨발로 뛰어나가요.
이른 아침부터 등에 땀이 축축해요.

Ibu menyiapkan bubur ayam untuk sarapan pagi
Gado-gadonya juga disiram dengan bumbu kacang yang banyak sekali.
Kak Made sedang menyiapkan canang di pura rumah.
Piring yang terbuat dari daun pisang dipenuhi dengan macam
bunga, beras, dan permen yang membuatnya menjadi warna-warni.

엄마가 아침밥으로 **부부르 아얌**을 차리고
가도가도에 땅콩 소스도 잔뜩 뿌려 놓았어요.
마데 누나는 가족 사원에 **차낭**을 올리는 중입니다.
바나나 잎으로 만든 그릇에 꽃잎과 밥알, 사탕, 향을 담은
차낭은 참 알록달록해요.

*Aku dan keluargaku tinggal bersama kerabat
kami yang lainnya di satu rumah,
dan kita selalu beribadah bersama tiap hari.
Ayahku adalah seorang petani, dan pamanku beternak babi.
Babi guling buatan paman adalah yang paling enak.*

우리 가족과 친척들은 한집에 살며 매일 기도를 올려요.
우리 아빠는 농사를 지으시고요, 큰삼촌은 돼지를 키워요.
삼촌이 만든 **바비굴링**은 세상에서 최고로 맛있어요.

*Terdengar bunyi kentongan dari pusat desa.
Tampaknya para orang dewasa tengah berkumpul untuk rapat.
Dari Gunung Agung terdengar bunyi gemuruh dan juga mengeluarkan asap putih!
Katanya jika masyarakat berbuat salah, maka dewa dari Gunung Agung akan marah dan mengeluarkan api dari dalam gunung.
Membayangkannya saja membuat jantungku berdebar.*

마을 사당에서 웅성대는 소리가 나요.
어르신들이 모여 회의하시나 봐요.
아궁산에서 쿠르릉 소리가 나고 하얀 연기도 피어오른대요!
사람들이 죄를 지으면 아궁산의 신께서 잔뜩 화가 나 불을 뿜어요.
상상만 해도 심장이 쫄깃해져요.

"Pak! Apa Gunung Agung sedang marah?"
"Tampaknya begitu, Ketut.
Tapi sekarang masih tak apa-apa jadi jangan khawatir.
Apa kamu sudah membuka irigasi sawahnya?
Yang lain sepertinya gelisah mata air Gunung Agung tak mengalir turun."
Beberapa saat, hatiku berdegub kencang.
Apakah dewa dari Gunung Agung marah karena kejadian waktu itu?
Bunyi gemuruh dari Gunung Agung, air yang tidak mengalir
ke terasering Apakah ini semua terjadi karena hal itu?

"아빠! 아궁산이 화내고 있나요?"
"그렇단다, 끄뜻. 하지만 아직 괜찮으니 너무 걱정하지 말아라.
참, 우리 논 물꼬는 잘 열어 두었니?
아궁산 샘물이 내려오지 않는다고 다들 난리구나."
순간, 가슴이 덜컹해요.
지난번 그 일 때문에 아궁산의 신께서 화나신 걸까요?
아궁산이 쿠르릉거리는 것도, 다랑논에 물이 흘러내리지 않는 것도
모두 그 일 때문일까요?

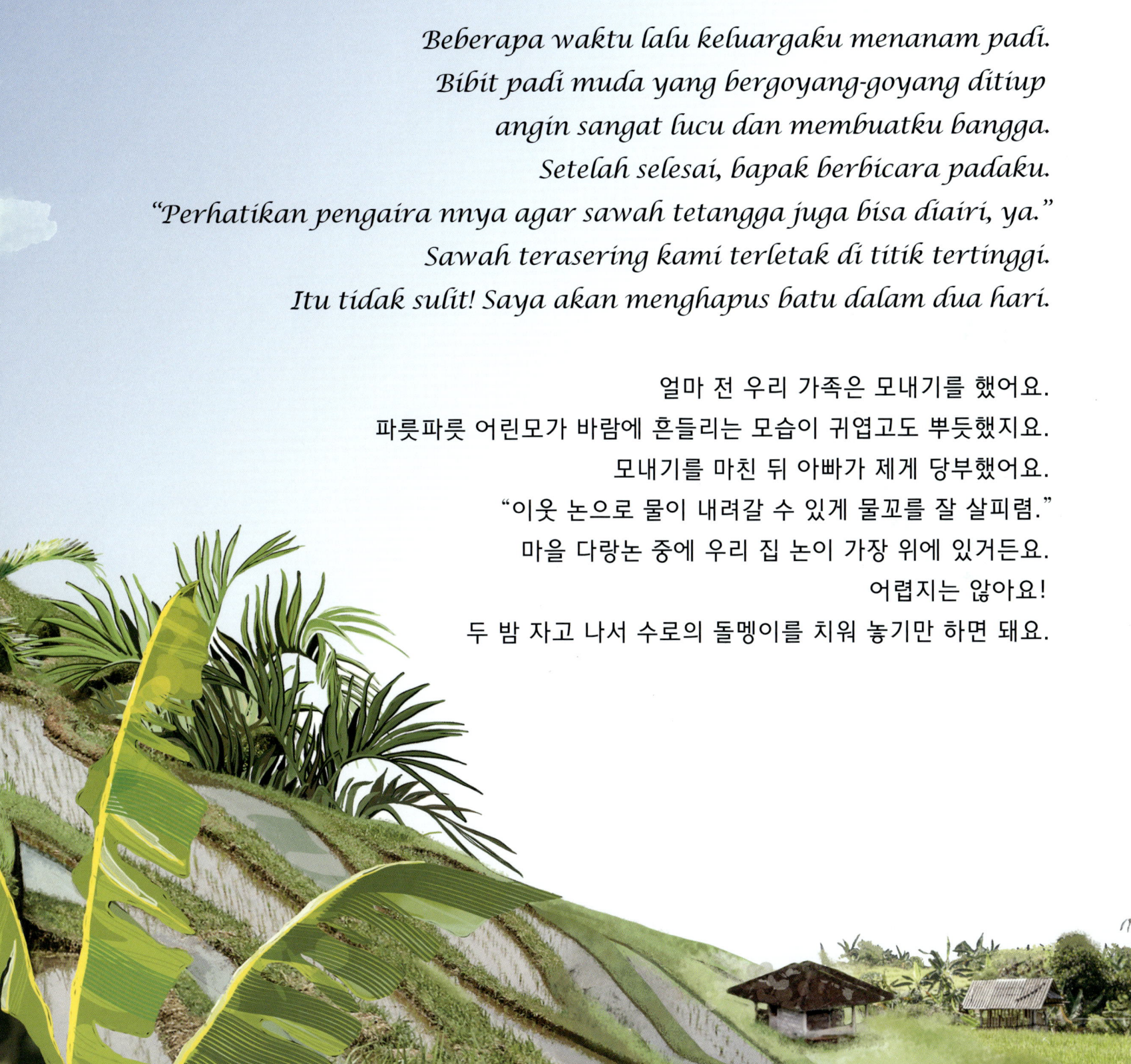

*Beberapa waktu lalu keluargaku menanam padi.
Bibit padi muda yang bergoyang-goyang ditiup
angin sangat lucu dan membuatku bangga.
Setelah selesai, bapak berbicara padaku.
"Perhatikan pengaira nnya agar sawah tetangga juga bisa diairi, ya."
Sawah terasering kami terletak di titik tertinggi.
Itu tidak sulit! Saya akan menghapus batu dalam dua hari.*

얼마 전 우리 가족은 모내기를 했어요.
파릇파릇 어린모가 바람에 흔들리는 모습이 귀엽고도 뿌듯했지요.
모내기를 마친 뒤 아빠가 제게 당부했어요.
"이웃 논으로 물이 내려갈 수 있게 물꼬를 잘 살피렴."
마을 다랑논 중에 우리 집 논이 가장 위에 있거든요.
어렵지는 않아요!
두 밤 자고 나서 수로의 돌멩이를 치워 놓기만 하면 돼요.

*Setelah dua hari, saatnya pergi ke sawah.
Banyak orang berpakaian dengan mewah
berbaris dengan gebogan di kepala mereka.
Ibuku juga ada di barisan gebogan
itu dan sedang tersenyum.
Buah dan bunga yang tersusun di gebogan
itu sangat luar biasa.
'Bagaimana kalau tumbang atau jatuh, ya?'
Jantungku berdetak keras melihat
gebogan yang tingginya selangit.*

두 밤 지나 논에 가는 날이었어요.
화려하게 치장한 사람들이
게보간을 머리에 이고 줄줄이 걸어가요.
우리 엄마도 게보간 행렬 속에서 환하게 웃고 있어요.
과일과 꽃을 쌓아 올린 게보간은 정말 근사해요.
'무너지거나 떨어지면 어쩌지?'
하늘 높이 솟은 게보간을 보고 있자니 가슴이 콩닥거려요.

*Aku mengikuti rombongan gebogan
dan tanpa sadar sudah sampai di Uluwatu.
Selalu banyak turis asing di Uluwatu.
Mereka berbisik, mengambil gambar, dan ada juga yang berteriak.
Disana ada turis yang kacamatanya dirampas oleh monyet.
Sepertinya para monyet itu juga tak suka dengan turis yang tidak sopan.*

게보간 행렬을 따라 걷다 보니 어느새 **울루 와뚜**까지 왔어요.
울루 와뚜에는 항상 외국 관광객이 많아요.
다들 왁자지껄 떠들며 사진을 찍고 시끄럽게 소리를 질러대지요.
이크, 저기 원숭이 한 마리가 선글라스와 귀고리를 빼앗아 가요!
원숭이도 예의를 지키지 않는 관광객이 싫은가 봐요.

Di pinggir pantai ada yang sedang menari kecak.
"Kecak! Kecak!"
Ratusan orang menari dengan berdandan seperti segerombolan
kera sembari menirukan suara kodok.
Saat besar nanti aku juga mau menjadi penari kecak.

바닷가에서는 **케착 댄스**를 추고 있어요.
"케착! 케착!"
수백 명도 넘는 원숭이 부대가 개구리 울음소리를 흉내 내며 춤춰요.
나도 이다음에 커서 케착 댄서가 되고 싶어요.

Karena sibuk melihat kesana dan kesini, tanpa sadar hari sudah petang.
Aku pulang dan berbaring di kasur,
tapi hatiku masih merasa bersemangat.
Ah, tapi aku lupa dengan janjiku untuk membuka saluran irigasi!
Kalau tidak dibuka dan airnya tak mengalir
para tetangga tak akan bisa menanam dan memanen padi nantinya.
Aku harus bagaimana ini?
Apa aku pergi diam-diam saja besok subuh?

이것저것 신나게 구경하다 보니 하루가 금방 갔어요.
집에 돌아와 침대에 누워도 여전히 마음이 설레요.
앗, 그런데 물꼬를 터놓기로 한 약속을 깜빡했네요!
물꼬가 막혀 물이 내려가지 않으면
이웃들은 모내기를 할 수도, 농사를 지을 수도 없어요.
어떡하면 좋죠?
새벽에라도 몰래 다녀와야 할까요?

"Ketut! Ketut!"
Bapak dengan suara panik memanggilku.
"Dewa Gunung Agung tampaknya sangat marah.
Sekarang sangat bahaya untuk pergi
ke sekitar Gunung Agung."
Grrr... Grrr...!

Gunung Agung yang agung itu bergemuruh yang sangat keras.
Kalau begini, mungkin saja gunungnya
akan meledak seperti beberapa tahun lalu.
Lahar akan naik ke mulut gunung dan asap tebal
akan menutupi seluruh kota.
Orang-orang bisa saja menjadi korban karena ini.

"끄뜻! 끄뜻!"
심각한 목소리로 아빠가 나를 불러요.
"아궁산의 신께서 많이 노하셨단다.
지금은 아궁산 근처에 가는 것도 위험하겠구나."
쿠르릉 쿠르릉!
거대한 아궁산이 세차게 쿠르릉거려요.
이러다간 몇 년 전처럼 화산이 펑 터질 것만 같아요.
시뻘건 용암이 솟구치고 매캐한 화산재가 마을을 뒤덮을 거예요.
어쩌면 사람이 죽을지도 몰라요!

Bapak dan ibu berdoa sepanjang hari untuk Gunung Agung.
Aku juga melakukan yang sama.
Aku juga memohon kepada dewa yang mengatur perairan sawah.
'Aku lupa mengerjakan perintah dari bapak. Tolong maafkan aku.'
Hal ini juga sampai terbawa ke dalam mimpiku.

아빠와 엄마가 아궁산을 향해 온종일 기도를 올려요.
나도 밤낮으로 정성을 다해 빌어요.
물꼬를 막고 있는 돌의 신께도 기도해요.
'아빠의 심부름을 깜빡했어요. 용서해 주세요.'
꿈속에서도 간절히 빌어요.

Malam yang panjang telah berlalu.
Tapi aku takut saat pagi datang.
"Pak? Bagaimana dengan Gunung Agung?"

길고 긴 밤이 지났지만,
나는 아침이 밝아 오는 게 겁나요.
"아빠? 아궁산은?"

*Untungnya suara gemuruh Gunung Agung sudah berhenti.
Seluruh warga desa berlari ke pura untuk
memanjatkan rasa terima kasih.
Semua berdoa sambil diiringi suara gamelan.
Saat berdoa memanjatkan rasa syukur,
pemangku agama akan datang
dan beliau akan menyiramkan air suci serta
membagikan beras yang sudah direndam air.
Aku menempelkan beras di antara alis mata,
bapak di dahi dan leher.*

다행히 아궁산의 쿠르릉 소리가 멈췄어요!
마을 사람들 모두 사원으로 달려가 감사의 제를 올려요.
가믈란을 연주하며 신께 기도드리지요.
감사의 기도를 올리고 있으면
사제가 와서 성수를 뿌리고 물에 젖은 쌀알을 나눠줘요.
나는 눈썹 사이에, 아빠는 이마와 목에 쌀알을 붙여요.

Aku bergandengan tangan dengan bapak dan pergi ke sawah.
Bagaimana bisa seperti ini?
Batu yang menutup irigasi sawah sudah tersingkirkan!
Mata airnya mengalir dengan lancar.
Apa karena Gunung Agung yang bergetar jadi batunya ikut bergeser?
Atau mungkin dewa menjawab doaku waktu itu?

아빠와 손을 잡고 논에 올라왔어요.
앗, 그런데 어떻게 된 일이죠?
물꼬를 막았던 돌이 치워져 있네요!
샘물이 시원하게 내려가요.
아궁산이 흔들리면서 돌멩이가 빠졌을까요?
아니면 신께서 제 기도를 들어주신 걸까요?

Bapak berkata sembari melihat Gunung Agung.
"Sama seperti yang terlihat di dunia ini, yang tak terlihat juga banyak."
Melihat Gunung Agung yang tenang.
Dari belakang Gunung Agung yang megah,
mentari oranye Pulau Bali itu menyinari kami.

아궁산을 바라보며 아빠가 이야기하셔요.
"세상엔 보이는 것만큼이나 보이지 않는 존재도 많단다."
고요해진 아궁산을 올려다보아요.
웅장한 아궁산 너머로 발리섬의 붉은 태양이 우리를 비춰요.

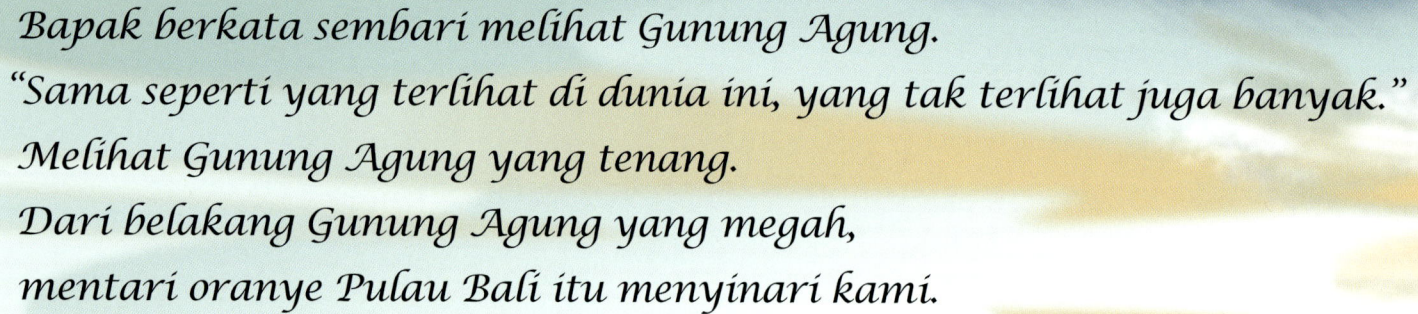

Kumpulan Kata

Gado-gado: Sebuah makanan yang berisi sayur, lontong dan tahu yang disiram dengan bumbu kacang.

Gamelan: Merupakan sebuah alat musik tradisional di Bali. Dalam bahasa Indonesia, gamelan sendiri berarti ditabuh atau dipukul. Irama dan teknik permainannya didapatkan bukan dari lembaran musik melainkan dari irama alam tubuh manusia yang diwariskan secara turun-temurun.

Gebogan: Sebuah persembahan yang diberikan kepada Sang Hyang Widhi Tuhan Yang Maha Esa. Berisi buah, roti, bunga, dan jajanan yang diletakkan secara bertumpuk dan semakin tinggi bentuknya akan semakin mengerucut. Tingginya akan melebihi tinggi orang pada umumnya, jadi bisa dilihat saat mereka jalan berarakan.

Babi Guling: Sebuah masakan yang menggunakan babi utuh yang dipanggang di atas api seperti barbeku. Babi guling ini merupakan salah satu makanan Bali yang terkenal. Setelah isi perutnya dibersihkan, lalu dibumbui dengan macam-macam rempah dan minyak kelapa. Kemudian dibakar di atas api dengan bara dari sabut kelapa lalu diputar-putar selama kurang lebih 5 jam hingga matang. Makanan ini merupakan hidangan yang selalu ada saat upacara wajib atau acara besar lainnya.

Bubur Ayam: Bubur khas Indonesia dengan isian ayam.

Pura Uluwatu: Sebuah Pura yang dibangun diatas tebing setinggi 70meter yang berada di selatan Pulau Bali. Saat matahari terbenam, Uluwatu memberikan pemandangan yang indah sehingga banyak sekali turis yang datang kesana.

Canang dan Caru: Canang adalah persembahan yang diperuntukkan kepada Sang Hyang Widhi, sedangkan Caru adalah persembahan yang diberikan kepada sosok jahat yang disebut Bhuta Kala. Saat matahari terbit, canang diletakkan di atas altar. Saat matahari terbenam, caru diletakkan di lantai. Di Pulau Bali, canang dan caru adalah sebuah media untuk berkomunikasi dengan dewa, karenanya orang Bali tak pernah absen untuk melakukan hal ini.

Tari Kecak: Sebuah tarian yang bercerita tentang kisah Dewa Rama dibantu oleh raja kera bernama Hanoman yang pergi untuk menyelamatkan istrinya, Shinta, yang diculik oleh Rahwana. Penari tanpa mengenakan atasan, muncul sebagai segerombolan kera yang biasanya terdiri dari sekitar 100 orang. Bahkan tari Kecak ini pernah ditarikan lebih dari 7000 penari sekaligus dalam satu pertunjukan.

낱말 풀이

가도가도: 채소와 두부를 땅콩 소스로 버무린 요리예요.

가믈란: 발리섬의 전통 음악이에요. 가믈란은 인도네시아어로 '두드린다'라는 뜻입니다. 악보 없이 머리와 몸으로 리듬과 기법을 배워 대대로 계승해요.

게보간: 신께 드리는 제물이에요. 과일과 떡, 꽃과 과자를 서로 단단히 고정하며 쌓는데, 얼마나 높게 쌓는지가 신앙심의 척도예요. 그래서 웬만한 사람 키보다도 높은 게보간을 이고 가는 모습을 종종 볼 수 있어요.

바비굴링: 돼지고기를 통째로 불에 구운 바비큐 요리예요. 발리섬을 대표하는 음식 중 하나지요. 각종 향신료와 코코넛 기름을 섞어 배 안에 채운 후 야자나무 껍질로 만든 숯불 위에서 천천히 돌려가며 5시간 정도 구워요. 제사를 지내거나 행사를 여는 날 반드시 등장하는 요리예요.

부부르 아얌: 담백한 인도네시아식 닭죽이랍니다.

울루 와뚜 사원: 발리섬 남쪽의 70미터 절벽 위에 세워진 사원이에요. 해가 지는 아름다운 저녁 풍경을 볼 수 있는 곳이라서 많은 관광객이 찾는답니다.

차낭과 차루: 차낭은 천상계의 신인 데와에게 바치는 제물이고, 차루는 지하의 악령인 부다 카라에게 바치는 제물이에요. 해 뜰 무렵 제단 위에 차낭을 올리고, 해 질 무렵 바닥에 차루를 놓지요. 발리섬에서는 차낭과 차루를 신과의 대화로 여겨 하루도 빠지지 않고 올립니다.

케착 댄스: 라마 신이 자신의 아내 시타를 납치한 악마 라바나를 물리치기 위해 길을 떠나자 원숭이의 왕인 하누만이 부대를 이끌고 와 라바나를 물리치는 내용의 무용입니다. 윗옷을 입지 않은 원숭이 부대가 등장하는데, 그 숫자가 보통 100명은 훌쩍 넘는다고 해요. 7,000명이 한꺼번에 케착 댄스를 춘 적도 있답니다.

Dimana Pulai Bali Itu?

Indonesia adalah sebuah negara yang terdiri dari pulau-pulau yang berjumlah lebih dari 13,700 pulau, dan berada di antara Samudra Hindia dan Pasifik. Nama resmi negara ini adalah Negara Kesatuan Republik Indonesia. Dengan populasi sebanyak 270juta jiwa, Indonesia menduduki peringkat ke 4 sebagai negara dengan populasi terbesar di dunia. Memiliki lebih dari 300 suku sehingga budaya dan bahasanya juga bermacam-macam.

Diantara pulau-pulau di Indonesia, Bali merupakan pulau terbesar ke 13 yang berbentuk seperti anak ayam yang mana memiliki budaya dan tradisi yang sangat kental. Mayoritas rakyat Indonesia memeluk agama Islam, tapi di Bali mayoritas penduduk menganut agama Hindu yang juga disebut 'Agama Hindu Dharma.' Di agama Hindunya Bali, mereka percaya bahwa ada dewa di gunung, batu, pohon, jalan, sungai, mata air, dan seluruh benda di dunia.

Terdapat sekitar 4,600 pura untuk sembahyang di Pulau Bali. Dan jika digabungkan dengan pura-pura kecil yang ada di pinggir jalan, jumlahnya bisa mencapai 20,000 pura lebih. Mungkin itu juga alasan kenapa Bali disebut Pulau Dewata atau pulaunya para dewa. Bagi masyarakat Bali yang menghargai Tuhan dan keharmonisan alam serta manusia, memberikan persembahan bagi Tuhan adalah prioritas untuk masyarakat Bali. Mereka percaya akan terjadi bencana jika mereka tidak memberikan persembahan kepada Tuhan.

Di Bali ada sebuah upacara yang bernama Odalan yang dilakukan untuk memperingati hari dimana pura dibangun. Di Bali sendiri menggunakan kalender dengan penanggalan Wuku yang berumur 30 pekan atau 210 hari. Karena banyaknya pura di Bali, upacara Odalan juga sering dilakukan disana. Dengan penampilan gamelan yang luar biasa, arak-arakan gebogan yang mewah, hingga tari kecak yang gagah, Upacara Odalan Bali adalah kesempatan yang tepat bagi para wisatawan yang ingin melihat bagaimana proses penyembahan dewa yang dilakukan masyarakat Bali.

Di tengah Bali terdapat sebuah gunung bernama Gunung Agung. Masyarakat Bali menyembah Gunung Agung karena mereka percaya bahwa Gunung Agung adalah gunung yang suci. Lahan sawah yang bertingkat di sekitaran lereng Gunung Agung adalah tempat dimana masyarakat Bali hidup bertani padi. Di Bali, padi bisa dipanen dalam kurun 3 bulan, dan kurang lebih 3 kali dalam setahun. Masyarakat percaya bahwa hal ini adalah anugrah dari Tuhan kepada mereka.

Masyarakat Bali memiliki cara unik dalam penamaan. Untuk anak pertama akan bernama Wayan, anak ke 2 Nyoman, anak ke 3 Made, ke 4 Ketut. Dan untuk anak selanjutnya diulang lagi dari Wayan sesuai urutan. Ada upacara bernama Otonan dimana itu dilakukan untuk merayakan 210 hari kelahiran sorang bayi yang dipimpin oleh seorang pemangku dengan memercikkan air suci dan menempelkan beras ke dahi bayi tersebut. Bahkan orang dewasa juga menempelkan beras di dahi ataupun leher mereka saat melakukan ritual. Beras yang ditempelkan di dahi berguna agar selalu berprasangka baik, dan beras yang ditempelkan di leher bertujuan agar hanya omongan baik saja yang terlontar dari mulut tersebut.

Orang Bali hidup dengan memegang prinsip 'Rwa Bhineda'. Yang memiliki makna berupa hidup seimbang bersama dengan hal yang tampak dan tak nampak di dunia ini. Sama seperti mereka yang menyembah dewa baik dan jahat, penduduk mencoba merangkul yang kasat mata dan yang tak kasat mata dengan cara yang bijak dan harmonis. Semakin kita tahu tentang Pulau Bali, kita akan menyadari bahwa Bali adalah pulau unik dan misterius tempat tinggalnya para dewa.

발리섬은 어떤 곳?

　인도양과 태평양 사이에 있는 인도네시아는 약 13,700개의 섬으로 이루진 나라예요. 정식 명칭은 인도네시아공화국이지요. 약 2억 7천만 명의 인구가 사는 인도네시아는 중국, 인도, 미국에 이어 인구수가 많은 나라입니다. 300여 개 이상의 종족이 곳곳에 거주해 지역마다 풍습과 언어가 참 다양해요.

　그중 병아리 모양을 한 발리섬은 인도네시아에서 13번째로 큰 섬으로 독특한 풍습과 문화를 지닙니다. 인도네시아 사람들이 대부분 이슬람교를 믿는 것과 달리 발리섬 사람들은 '아가마 힌두 다르마'라고 하는 발리섬 특유의 힌두교를 숭배해요. 발리섬의 힌두교는 산, 바위, 나무, 길, 강, 샘 등 세상 모든 곳에 신이 깃들어 있다고 믿습니다.

　발리섬에는 신들을 모시기 위한 힌두 사원이 4,600여 곳에 달해요. 길 한편에 세운 작은 사원까지 합하면 2만 곳이 넘지요. 그래서인지 발리섬은 '신들의 섬'이라고 불려요. 신과 자연과 인간의 조화를 중요시하는 발리섬 주민들에겐 신을 위해 제사를 모시는 일이 최우선입니다. 제사를 잘 모시지 않으면 재앙이 생긴다고 믿어요.

　발리섬에서는 신이 사원에 깃든 날을 기념하는 오달란이라는 행사를 열어요. 발리섬에서 사용하는 달력인 우꾸력에 따라 210일에 한 번씩 3일간 치릅니다. 사원이 워낙 많은 만큼 발리섬에서는 오달란이 자주 열려요. 이국적인 가믈란 연주와 화려한 게보간 행렬, 용맹한 케착 댄스까지 어우러진 오달란은 발리섬 주민들이 신에게 어떻게 제사를 지내고 기도하는지 직접 볼 좋은 기회랍니다.

　발리섬 한가운데에는 활화산인 아궁산이 있습니다. 발리섬 주민들은 아궁산을 신성한 화산이라 믿으며 숭배해요. 아궁산 발치에 펼쳐진 다랑논(계단식 논)은 발리섬 사람들이 농사짓는 생활 터전입니다. 발리섬에서는 석 달 만에 쌀을 수확할 수 있어 일 년에 세 번이나 농사지어요. 주민들은 신께서 논을 보살펴 주는 덕분이라 여깁니다.

　발리섬 사람들의 이름 짓는 법은 참 흥미로워요. 첫째 아이에게는 와얀, 둘째에게는 노만, 셋째에게는 마데, 넷째에게는 끄뜻이라는 이름을 붙이고, 그다음부턴 다시 와얀으로 순서를 반복하지요. 아기가 태어나 돌이 되면 뻐망꾸라 불리는 제사장이 아기에게 성수를 뿌리고 이마에 쌀알을 붙여줍니다. 어른들도 제사를 올릴 때면 이마나 목에 쌀알을 붙여요. 이마에는 좋은 생각과 판단을 하기 위해, 목에는 좋은 말만 하기 위해 쌀알을 붙인다고 합니다.

　발리섬 사람들은 '르와 비네다'라는 마음가짐을 품고 살아요. 세상엔 보이는 것과 보이지 않는 것이 함께 존재한다는 뜻이지요. 선한 신과 악한 신을 모두 모시듯이 주민들은 보이는 존재와 보이지 않는 존재를 지혜롭고 조화롭게 받아들이려 합니다. 자기 자신을 절제하고 전체의 조화를 소중하게 생각하는 사람을 '할루스(고상한 인물)'라 칭하기도 해요. 발리섬은 알아갈수록 오묘하고 신비로운 신들의 섬이랍니다.

발리섬은 어디에?

— 신들의 섬, 발리섬은 작은 병아리를 닮았어요!